Historia de los deportes

La historia del béisbol

Anastasia Suen

The Rosen Publishing Group's
Editorial Buenas Letras™
New York

Published in 2003 by The Rosen Publishing Group, Inc.
29 East 21st Street, New York, NY 10010

First Edition in Spanish 2003
First Edition in English 2002

Book Design: Michelle Innes

Photo Credits: Cover, pp. 4–5, 9, 13–15, 19 (top), 21 (top photos) © Bettmann/Corbis; pp. 7, 10–11 © AP Wide World Photos; pp. 16–17 © Minnesota Historical Society/Corbis; pp.19 (bottom), 20, 21 (bottom left) © AFP/Corbis; p. 21 (bottom right) © Duomo/Corbis

Suen, Anastasia.
La historia del béisbol/por Anastasia Suen; traducción al español: Spanish Educational Publishing
p.cm.— (Historia de los deportes)
Includes bibliographical references (p.) and index.
ISBN 0-8239-6873-1 (lib.bdg.)
1.Baseball—History—Juvenile literature. [1.Baseball—History. 2. Spanish Language Materials.] I. Title.

GV867.5 .S86 2001

2001001118

Manufactured in the United States of America

Contenido

Inicio

Los niños de la foto están jugando béisbol. Los juegos de pegarle a una pelota con un palo existen desde hace siglos.

El béisbol surge de un juego de pelota que era muy popular en los Estados Unidos a principios de los años 1800. Se llamaba *rounders*.

En 1830 había diferentes formas de jugar béisbol. En 1845, Alexander Cartwright y su equipo crearon 20 reglas para todos los equipos. Poco después se empezaron a seguir esas reglas en todo el país.

Alexander Cartwright creó un equipo de béisbol en Nueva York en 1845.

Por mucho tiempo se pensó que Abner Doubleday "inventó" el béisbol en 1839. Ésa es una de las historias que se cuentan del béisbol. Ahora, se sabe que él no lo inventó.

Abner Doubleday fue general de la Unión en la guerra de Secesión.

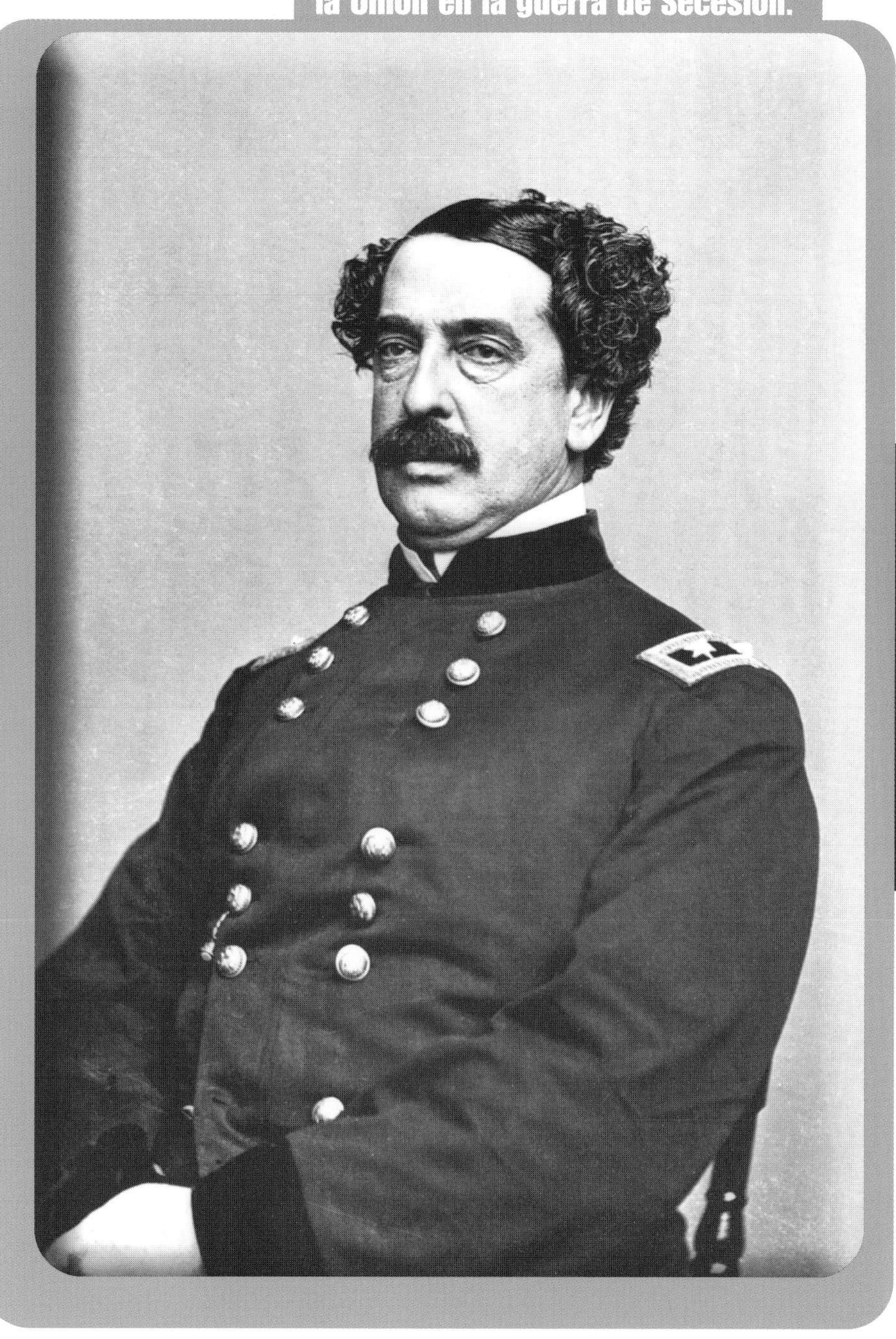

A finales de los años 1860, todos querían saber más sobre el béisbol. Fotógrafos y pintores utilizaron el béisbol para su trabajo.

¡ES UN HECHO!

En la guerra de Secesión los soldados llevaron el béisbol a muchos pueblos.

Pintura de un partido de béisbol en tiempos de la guerra de Secesión.

El primer equipo profesional

El primer equipo profesional de béisbol fueron los Red Stockings de Cincinnati. En su primera temporada jugaron 56 partidos. El equipo sólo tenía 10 jugadores.

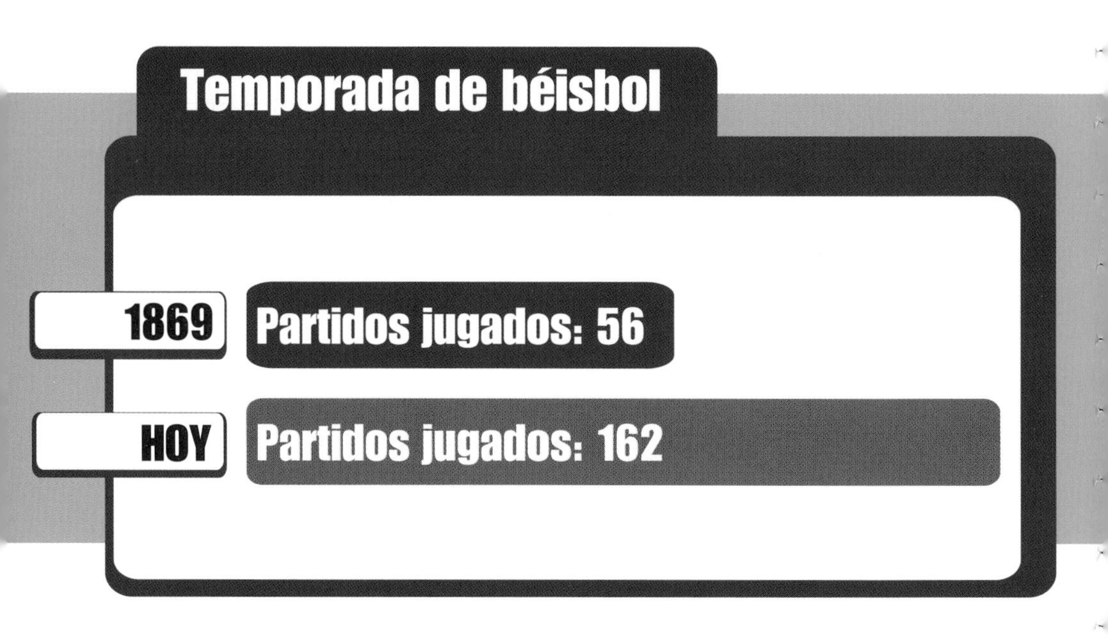

Dibujo del equipo Red Stockings de Cincinnati en 1869

Las ligas

En 1876 se creó la *National League of Professional Base Ball Clubs.* En 1901 se creó la *American League.*

En 1903 se llevó a cabo el primer campeonato de la Serie Mundial entre los mejores equipos de cada liga.

Miles fueron a la primera Serie Mundial entre los Pilgrims de Boston y los Pirates de Pittsburgh.

WISCONSIN

En 1943 se creó la *All-American Girls Professional Baseball League*. El béisbol profesional femenil fue muy popular durante la II Guerra Mundial. Duró hasta 1954.

Uniforme y equipo

El uniforme de los jugadores de béisbol ha cambiado con el tiempo. Los cambios en la ropa y el equipo protegen a los jugadores y les permiten jugar mejor.

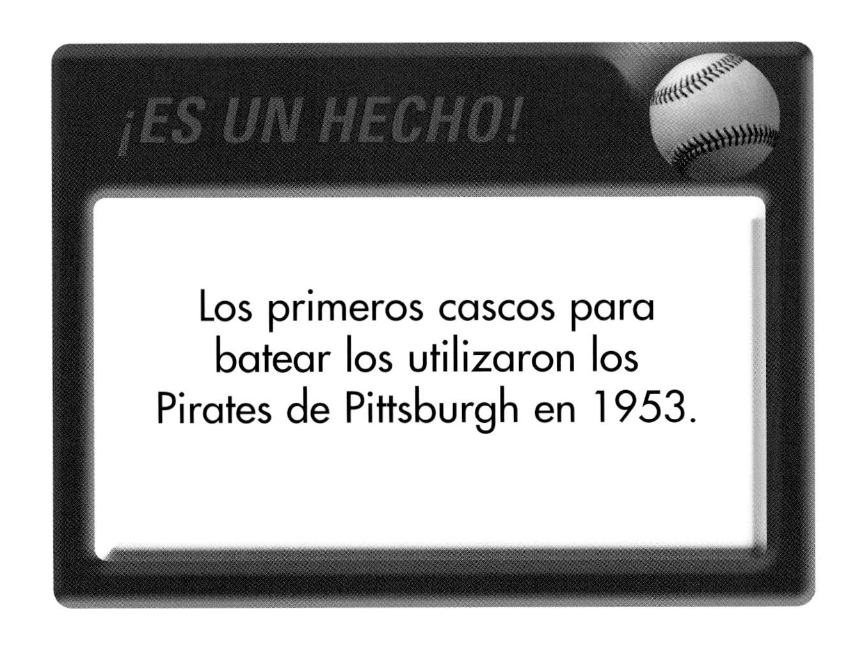

Uniforme antiguo
GRAYS
Uniforme actual
Casco
CHICAGO
Guante para batear
Protectores

El béisbol en todo el mundo

El béisbol es muy popular en todo el mundo. Muchos jugadores son héroes para los espectadores. El béisbol es algo que los Estados Unidos le ofreció al mundo.

El béisbol es muy popular en Japón.

Los reyes del homerun

Mayor cantidad de homeruns en una temporada

1927	Babe Ruth	60 Homeruns
1961	Roger Maris	61 Homeruns
1998	Mark McGwire	70 Homeruns
2001	Barry Bonds	73 Homeruns

Glosario

liga (la) grupo de equipos o clubes deportivos

profesional que se hace para ganarse la vida

rounders juego de pelota similar al béisbol

Serie Mundial (la) campeonato anual de béisbol para seleccionar al mejor equipo

Recursos

Libros

Baseball
James Kelley y James Buckley
Dorling Kindersley Publishing (2000)

Major League Baseball's Best Shots
Johnny Bench
Dorling Kindersley Publishing (2000)

Sitios web

Debido a las constantes modificaciones en los sitios de Internet, PowerKids Press ha desarrollado una guía on-line de sitios relacionados al tema de este libro. Nuestro sitio web se actualiza constantemente. Por favor utiliza la siguiente dirección para consultar la lista:

http://www.buenasletraslinks.com/hist/beisbolsp/

Índice

Número de palabras: 297

Nota para bibliotecarios, maestros y padres de familia

Si leer es un reto, ¡Reading Power en español es la solución! Reading Power es ideal para lectores hispanoparlantes que buscan un nivel de lectura accesible en su propio idioma. Ilustrados con fotografías, estos libros presentan la información de manera atractiva y utilizan un vocabulario sencillo que tiene en cuenta las diferencias lingüísticas entre los lectores hispanos. Relacionando claramente texto con imágenes, los libros de Reading Power dan al lector todo el control. Ahora los lectores cuentan con el poder para obtener la información y la experiencia que necesitan en un ameno formato completamente ¡en español!

Note to Librarians, Teachers, and Parents

If reading is a challenge, Reading Power is a solution! Reading Power is perfect for readers who want high-interest subject matter at an accessible reading level. These fact-filled, photo-illustrated books are designed for readers who want straightforward vocabulary, engaging topics, and a manageable reading experience. With clear picture/text correspondence, leveled Reading Power books put the reader in charge. Now readers have the power to get the information they want and the skills they need in a user-friendly format.